うちのコにしたい！
# 羊毛フェルト猫
のつくり方

はじめに

はじめまして。羊毛フェルト作家のHinali(ヒナリ)です。
思わずなでたくなるような
いまにも動き出しそうな猫、
そんな羊毛フェルト猫人形をつくりたいと、
5年前から作家活動を続けています。

あるとき、ありし日の飼い猫のお写真を飼い主さんからお借りして、
羊毛フェルト猫を制作する機会がありました。
「まるであのコそのもの！」と
飼い主さんから、この上ない言葉をいただきました。

私がつくった羊毛フェルト猫を見て、ほっこりとしてもらいたい。
できることなら、みなさんご自身で「うちのコ」をつくってみてもらいたい。
そんな思いから、この本を書くことにしました。

チクチク、チクチクと時間をかけて
世界に一つだけの
あなたにしかつくれない
羊毛フェルト猫たちに
ぜひ、出会ってください。

## もくじ

はじめに …………………………………… 2
Hinaliのリアル羊毛フェルト猫写真集 …… 4
Hinaliのうちのコ ………………………… 22

### 羊毛フェルト猫　基本のつくり方
羊毛フェルト猫の材料 …………………… 24
羊毛の混ぜ方 ……………………………… 25
Hinaliの道具箱 …………………………… 26
ニードルの扱い方 ………………………… 28
カットのコツ ……………………………… 29
猫のからだ解説 …………………………… 30
Hinali流　植毛のためのニードルテク …… 32
困ったらチェック！Q＆Aコーナー ……… 35

### 全身リアル羊毛フェルト猫のつくり方編
茶白子猫（座り姿） ……………………… 37
スコティッシュフォールド（転がり姿）…… 61
三毛猫（香箱座り姿） …………………… 69
シャムトラ猫（座り姿）、
サバ白猫（寝そべり姿） ………………… 75

顔だけ猫、フレーム猫 …………………… 80

### フレーム羊毛フェルト猫のつくり方編
八割れ猫（顔だけ＋前足） ……………… 85

STAFF　Photo：Sachie Abico　Illustration：KUBORIm　Design：MARTY inc.　DTP：Office SASAI
Edit：Naomi Hoyama／Nanako Shinomiya, Yuuka Maekawa（DECO）

# Hinaliの
# リアル羊毛フェルト猫
# 写真集

# Hinaliのうちのコ

Hinaliの家は、まるで猫の城のよう。
ふわふわで愛らしい羊毛フェルト猫に、
毎日癒されます！

[茶白猫]
香箱座りをちょっと崩したポーズ。
表情にもこだわりました。

[キジトラ]
背中の毛はモデル猫さんのもの。一束一束心を
込めて植えました。

[キジトラ]
2年前のオークション出品作品。
足裏からポーズまでこだわった作品。

[八割れ姉妹]
初の顔だけ作品。バッグ型のキャリーも手づくり。

[ラグドール]
ゴージャスに仕上げました。

[ジャンガリアンハムスター]
飼っていたコのポーズを再現。

[猫神社]
鳥居はワイヤーでつくりました。

# 羊毛フェルト猫
# 基本のつくり方

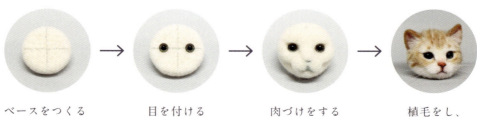

ベースをつくる　→　目を付ける　→　肉づけをする　→　植毛をし、カットする

# 羊毛フェルト猫の材料

羊毛フェルトで猫をつくるためのおもな材料をご紹介します。
いろいろな材料を使ってみることで、自分が扱いやすい材料が見つかるはずです。

### 羊毛

羊毛とは、ニードルと呼ばれる羊毛フェルト専用の針で刺すことによって固まる繊維。ニードルの側面についた突起が繊維をからめとり、フェルト化させる。Hinaliがおもに使用している羊毛のメーカーは、〈ハマナカ〉、〈ペレンデール鎌倉〉の2社。羊毛は動物の毛なので、本物の猫や犬たちと遊ばせると興味津々。壊されてしまうこともあるので、なるべく近づけないほうがよい。

### ニードルわたわた

〈ハマナカ〉から発売されている、植毛する前のベースをつくるのに特化した羊毛。軽く刺すだけでまとまるので、作業が効率よく進む。

### キャッツアイパーツ

本物そっくりの猫をつくるのに欠かせないのが、煌き輝く目。ガラス製、プラスチック製などさまざまなタイプが売られている。

### アルミワイヤー

猫の骨格やしっぽをつくるときに使用。ホームセンターで手に入る。太さ2mmのものがおすすめ。

### 毛糸

骨格のワイヤーに巻きつけることで、ワイヤーのまわりのわたわたを刺し固めやすくする。

### ボンド

目や手足を顔や胴体に接着する際に使う。乾くと透明になるタイプがおすすめ。

### ハケ

ホームセンターで販売されている乳白色のハケをひげとして使用。自分の好みのハリ・コシを見つけて。

### 木製フレーム

フレームから顔や手足を出している『フレーム猫』をつくる際に必要。100円ショップなど身近なお店で手に入る。

### フェイクグリーン

フレーム猫や、全身猫の装飾用。100円ショップや雑貨店などで、好みのグリーンを見つけたい。

ハマナカ　http://hamanaka.jp　　ペレンデール鎌倉　http://www.perendale.jp

# 羊毛の混ぜ方

羊毛を早くまとめやすいようにほぐしたり、
色を混ぜたりするときに欠かせない作業です。
方法は2種類あります。

## スリッカーを使う（刺し固め用）

1　スリッカーを2つ用意する。

2　混ぜたい羊毛数種類、またはほぐしたい羊毛を片方のスリッカーのブラシ部分にのせ、もう片方のスリッカーを重ねては引くを、好みの仕上がりになるまでひたすら繰り返す。

3　ダマになる前に止めるのがポイント。刺し固める前にこの工程を行うことで、羊毛がよく絡まり、数回刺しただけでまとまる。

## 手で混ぜる（植毛用）

1　混ぜたい色の羊毛数種類を少量手にとる。一度にたくさん混ぜようとすると、色むらができてしまいうまく混ざらない。

2　数種類の羊毛を約6cm幅にカットし、両手でトランプをきるように混ぜる。

3　羊毛の束を、繊維が平行になるように重ね、再び引き抜く。これを好みの仕上がりになるまで繰り返す。

# Hinaliの道具箱

Hinaliが使っているおもな羊毛フェルト道具をご紹介。
これまでに便利な道具を数多く試したけれど、
いま使っている道具が一番手になじみます。

### スピードニードル

おもに土台づくりの際に使用する。ニードルの側面についた突起が多いのが特徴。少ない刺し回数でたくさんの羊毛を絡めることができるので、土台づくりの際に最適。

### 極細ニードル

おもに羊毛を植毛するときに使用する。ニードルの側面についた突起が、スピードニードルに比べ少ないのが特徴。これを使うことで、土台部分の沈み込みを抑えながら植毛できる。Hinaliの作品づくりでは、この極細ニードルを多用している。

### フェルトマット

羊毛を刺し固めるときに、このマットを必ず敷く。この上にタオルを敷くと、羊毛がフェルトマットに沈み込むのを防げてさらに便利。刺しているうちに、マットから出る粉が羊毛に付着することがあるため、黒い羊毛の場合は黒いマットを使うなど工夫が必要。

### カットワークはさみ

目元など細部の植毛や、頭の輪郭を切るときに使用する。刃先が鋭くスマートなのでいろいろと小回りがきく。かなり丈夫なはさみなので、大きくなりすぎた土台を縮小カットするときにも重宝している。

### 散髪ばさみ

からだや顔に植毛した毛をカットするときに使う。摩擦の少ないはさみを使うことで、滑らかな毛の流れを出しやすい！ 羊毛フェルトを始めた5年前から、ずっと愛用している。

### めうち

グラスアイを差し込む穴をあけるときに使用する。また、植毛した後に毛並みを整えるブラシとしても活用。

### ピンセット

植毛に失敗したとき、一部の羊毛を抜くときに使用する。瞳の位置を調整する際には、先端が曲がっているタイプを使用すると便利。

### スリッカー

羊毛をほぐしたり色を混ぜたりするときに使用する。「カーダー」という専用の道具の代替として見つけた品。100円ショップでも、ペット用ブラシとして販売されている。

### ものさし

おもに顔の土台となる円の大きさを測るときに使用する。Hinaliの猫の顔は、5cm〜5.5cmが基本。使用するグラスアイの大きさによって、作品の大きさが決まるため、欠かせない道具だ。

---

## ◦ Hinali's point ◦

### 薄い部分を刺すときに便利！
### 名づけて段ボール指カバー

羊毛や手芸綿を指でつかみ刺し固める際に、誤ってニードルを指に刺してしまうことがあります。鋭いニードルから指を守るために便利なのが、段ボールを二つ折りにした指カバー。これで羊毛や手芸綿を挟んで作業することで、ニードルが直接指に刺さるのを防ぎます。

# ニードルの扱い方

鋭くて繊細なニードル。
正しく扱うことで、より効率的に作業を進められるほか、
ケガの防止にもつながります。

## ニードルの持ち方・刺し方

1 人差し指と中指をそろえ、親指の腹で押えるようにして持つ。3点でしっかりと固定。慣れれば自分流の持ちやすいスタイルが見つかるはず。

2 手芸綿や羊毛に差し込むとき、ニードルの先に手や指があるとケガをする恐れが。なるべくマットの上で作業をするか、手で持つ場合は差し込む深さに注意する。

3 刺したときの土台に対する角度と同じ角度のまま引き抜く。無理な方向に抜くと、ニードルがしなり折れてしまう。

---

### Hinali's point

ニードルが届かない箇所に便利！
## ロングニードルのつくり方

毛の長い猫をつくるときや、一度フレームに入れた猫の修正をするとき、通常の短いニードルでは作業がしづらい場合があります。
そんなときのために発明したのがこの手づくりの長いニードルです。身近なものを使って工夫しました。

ニードルと太めのワイヤーをマスキングテープで接合し、接合部分に細めのワイヤーを巻きつけるだけ。

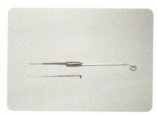

通常のニードルの2倍の長さのロングニードルが完成。

# カットのコツ

植毛した羊毛をカットするとき、
毛流れを失わないために実践している、Hinaliならではのコツをご紹介します。

## 毛の流れにあわせた切り方を

　植毛した羊毛をカットする際に、間違った切り方をしてしまっては不自然な毛流れになってしまいます。
　毛が生えている向きに、刃の先端を向けるようにしてカットします。

**こんな切り方はNG!**

慣れないうちにやりがちなのが、多くの毛束を一度にカットしてしまうこと。

毛の長さがすべて同じになり、自然な毛流れが失われてしまう。

**失敗しても大丈夫！リカバリー術**

切りそろえた毛の方向を整え、その上から毛の方向と同じ向きにはさみをのせる。

同じ向きばかりではなく左右に少しずつ動かしながら刻んでゆくことで、程よく長さがバラバラになり、自然な毛並みを復活させることができる。

# 猫のからだ解説

羊毛フェルトの技術を磨くだけでなく
猫のからだをよく観察し、研究することが
リアルな羊毛フェルト猫づくりには欠かせません。

● 猫らしいメリハリフェイスをつくる

猫の顔って、どうしてそんなにキュートなの？
まずは、人々を魅了する愛されフェイスが、どのようなつくりになっているか見てみましょう。

猫の顔には、目頭（①）、ノーズブレイク（②）、ウィスカーブレイク（③）の、3つのくぼみがあります。このくぼみをしっかりとつけるのがポイントです。植毛前の段階では、「ちょっとキツい表情では？」と感じるくらいにメリハリをつけておくと、植毛で輪郭が隠れてからも、猫らしいメリハリのある表情を維持できます。

注・ノーズブレイクのない猫もいます。

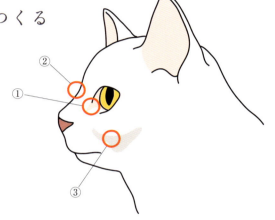

## Hinali's point

目の位置を変えるだけで、キュート猫もブサ猫もつくれる！

羊毛フェルト猫の出来上がりが思い通りの顔ではないときには、瞳とマズルの位置関係を工夫するとよいかもしれません。

マズルとは、鼻から口まわりにかけての膨らんだ部分のこと。

自論ですが、マズルを瞳の内側に収めると可愛らしく（A）、マズルが外側にはみ出すと、ふてぶてしい表情（B）になります。

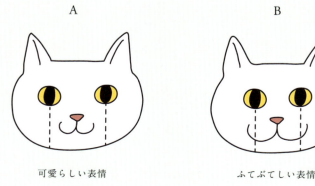

A 可愛らしい表情　　B ふてぶてしい表情

## ● キホンの骨格

　Hinaliは、より自然な猫の形に近づけるため、骨格を意識しています。骨格づくりの段階でからだの大きさを決めてしまえば、あとから手足の長さや胴の長さを大幅に変える必要もありません。

　図は、頭のサイズを1として骨格をつくる場合の、各辺の長さを割合で示しています。骨組みのワイヤーの長さを決める際の、参考にしてください。

　これは大人猫のサイズのため、子猫のからだをつくる場合には、P.51〜52を参照してください。

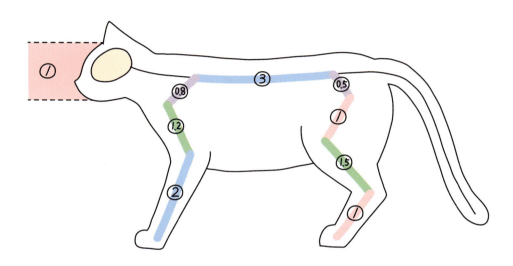

### ━● Hinaliのこだわり ●━

#### 肉球や皮膚の色で生き生きと！

　手のひらや足の裏、お腹が見えるポーズをしている猫をつくる場合、肉球やお腹の皮膚の下地もつくってあげると、ピンクがアクセントとなり猫の愛らしさを一層引き立てます。

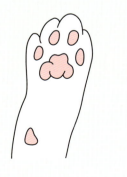 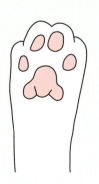

前足　　　　　　　後ろ足

#### グラスアイを使う！

　プラスチック製の目は手芸店などで安く購入できますが、より本物に近い瞳の輝きにこだわるなら、やはりガラスでできた目がおすすめです。ガラスに光が当たると羊毛フェルト猫に命が宿ったように見えます。また黒目の形の違いで表情がガラッと変わります。市販のネコ目グラスアイがなかなか見つからないので友人のグラスアイ作家さんにつくってもらったりもします。

# Hinali流 植毛のためのニードルテク

Hinaliが羊毛フェルト猫をつくるにあたって
重要視していることの一つが毛並みの表現です。
ここで秘密のニードルテクをご紹介します。誰にも教えないでくださいね。

## ● 直線刺し (Straight line)
土台に対して直立させる植毛法

1　繊維の向きが揃った羊毛を、植毛したい土台の上に置く。

2　繊維の向きと直角に、ニードルを置く。

3　ニードルをずらしながら3～6か所、刺し込む。すると、羊毛が地に対して垂直に生えているようになる。

4　続けて植毛する場合、先ほど植毛した毛を手前に倒しておくと羊毛の巻き込みが防げる。

5　これを繰り返す。

6　この植毛法では、地に対して垂直に毛が生えた毛並みを表現できる。

## ● 折りたたみ直線刺し（Folding straight line）
土台に対して斜めに生やす植毛法

1 繊維の向きがそろった羊毛を土台の上に置き、繊維に対して直角にニードルを当てる。

2 ニードルの上側の羊毛を、手前に折り返す。

3 羊毛がピンとまっすぐに張る程度に、ニードルを持っていないほうの指で押さえる。

4 輪になった部分をニードルをずらしながら3～6か所、内側から刺し込んでいく。

5 さらにニードルで植毛部分を上からしっかりと刺し込む。

6 これを繰り返すことで、地に対して寝た状態の自然な毛並みを表現できる。

## Hinali's point

### ニードルの保管方法

　私が羊毛フェルトを始めた当時、気に入ったニードルをまとめ買いし、それをそのまま大事にしまっていました。しばらく放置し、いざ使おうと思ったとき、ニードルに錆が付いてしまい使い物にならず残念な思いをしたことが多々ありました。その教訓からニードルを「羊毛に刺して保管する」ようにしています。調べたところ羊毛には少量の油分が含まれており、錆止め効果があるそうです。

保管方法はすごく簡単。小さな入れ物などに作品づくりには使えない、いらない羊毛を入れ、軽く刺し固めます。

お好みでちょっとした模様をつけたり、色違いの羊毛で色分けし、ニードルを種類別に保管すると便利です。この保管方法で、いまのところ錆とは無縁です。

## ● ねじり点刺し (Twisted dot)
**細かい模様づけに便利な植毛法**

1　羊毛を一筋とり、半分に折る。輪になった部分を、指の腹でねじる。ねじった箇所だけ絡まり、刺しやすくなる。

2　土台の上に羊毛を置き、ねじった箇所にニードルを当てる。

3　同じ箇所で3回程度、刺し込む。

4　植えつけた状態。

5　引っ張りながら植毛すると、引っ張った向きに毛が生えているように表現できる。

6　この植毛方法は、一般的な植毛方法では表現できない細かい模様や表情豊かな毛並みを表現できる。

---

### ー◦ Hinali's episode ◦ー

#### 独自のニードルテクを編み出すまで

　表情豊かな植毛を売りとしている私ですが、もちろん最初からそうだったわけではありません。羊毛フェルトを始めた当初は、制作本に書かれた一般的な植毛方法に従って作品をつくっていました。

　でもそれでは、私の理想の羊毛フェルト猫をつくることができなかったのです。ひたすら本物の猫のからだや毛並みを観察し、研究するうちにあることに気づきました。それは、猫の毛流れが、じつに自由奔放であること。

　これまでの植毛技術では、毛を上向きにしか生やすことができませんでしたが、本物の猫の毛はいろいろな方向に毛が向いています。

　トライ＆エラーを繰り返して生み出したのが、これらのニードルテクです。これを思いついたときはちょっと興奮しました。そして大げさにもネーミングまでしてしまいました。

# 困ったらチェック！
## Q&Aコーナー

Hinaliが過去に受けた制作に関する質問とその答えをご紹介します！

**Q** 手芸店に行ったら羊毛がたくさん売られていた！一番植毛に向いているのはどんな羊毛？

A. つくりたい動物にもよると思いますが、猫の場合だとメリノがいいと思います。ラパーマのような縮れ毛の猫は例外。メリノは縮れが少ないので、植毛したときに羊毛同士の絡まりが少ないのです。

**Q** しましま柄を植毛すると、模様が強く出てしまうのはどうして？

A. 毛が上を向いたままの状態ではさみを入れてしまうと、断面が平らになり、模様がくっきり出てしまいます。毛を倒した状態ではさみを入れてみてください。カット後にめうちで毛を散らばすと自然な仕上がりになります。

**Q** 植毛の密度がわかりません。

A. 私は植毛の密度をからだの部分によって変えています。背中や後頭部は3〜4mm間隔、顔は2mm間隔と。過去に、きつきつに植毛し、土台が羊毛を取り込みすぎて巨大化してしまったことがあります。

**Q** マズルをつくるとき、上手に丸く刺し固めることができません……。

A. マズルづくりは、ほんとうに難しいです。丸をつくろうと思わずに小さな面を少しずつ積み上げるように刺し固めてはどうでしょうか。パンケーキを積み上げていく感じです。

---

### ◦ Hinali's point ◦

**表情の決め手はまぶた！**
**「まぶたは口ほどに物をいう」**

　完成した顔が怖い、目が不自然……。もしかしたらそれはまぶたのつくり方に問題があるのかも？　まぶたや鼻筋をつくるときは、グラスアイが十分に埋まるくらいの高さを出してみて。まぶたによってできた影が雰囲気を出してくれます。また、まぶたの下がり具合によって、眠たそうな顔、すねた顔、驚いた顔など、表情を自在に表現することができます。

（左）まぶたを薄めにつくると、驚いた顔に。
（右）まぶたを下げ、ちょっぴりすねた様子もかわいい。

**Q** グラスアイが売られている
場所がわからないです……。

**A.** 私がおもに使用しているグラスアイは、〈ハマナカ〉のものです。大きな手芸屋さんに行くと置いてあることが多いです。ほかには東京・目黒にある〈プリメーラ〉や、フェルト作家の〈みいすけぽん〉さんから購入しています。

**Q** 一度つけた模様を消したい！
そんなこともできますか？

**A.** できます。細い部分であればピンセットで引き抜き、広範囲であれば、指で引き抜きます。そして、別の色の羊毛を植毛しなおします。あまりやりすぎてしまうと、土台のわたわたが固くなり沈み込んでしまうので注意。

**Q** 一度ミックスした羊毛の
配合を忘れてしまい、
再現するのが難しいです。

**A.** 羊毛の分量は量るのが難しいので、ミックスした植毛を使い切らず保存しておくとよいです。似た色味を目指して、羊毛を足していく方法が一番いいです。

**Q** 植毛を繰り返すうちに
顔の土台が大きくなり、
顔のパーツとのバランスが
悪くなってしまいました。

**A.** 瞳のパーツを、一回り大きいものに取り換えてみては？ 私は多くの場合、8㎜のグラスアイを使っているのですが、10㎜に取り換えたりします。

**Q** 制作中、羊毛はどうやって
管理していますか？
ごっちゃになってしまいます。

**A.** 大きいサイズの茶封筒を開いてその上で作業をします。その日の制作終了後は見開いた茶封筒を、そのまま閉じる！これで羊毛が消えることもなく、次の日スムーズに始めることができます。

**Q** 猫の顔写真を
見ながらつくっても、
そっくりにつくれない……。
よい勉強方法はありますか？

**A.** 以前、写真の猫の顔をデッサンしたことがあります。パーツの位置関係や輪郭など特徴を把握するための、よいトレーニングになると思います。

〈全身リアル羊毛フェルト猫のつくり方編〉
# 茶白子猫（座り姿）

しましまオレンジの体に、お腹や口のまわりにまっ白い毛が入った猫。
鼻のピンク色が可愛さをより引き立てています。
日本猫特有のおっとりした性格は、誰にでも愛される人気者。
人なつっこく、おねだり上手の甘えん坊ぶりに飼い主さんはいいなりに。

ここでは茶白の子猫のつくり方を詳しく解説。
全身が難しければ、顔だけつくり、カップから顔をのぞかせても可愛いかも。
大人の猫とは違った子猫ならでは可愛さをちくちくと時間をかけて、生み出してみませんか？

● 材料　　材料のブランド名は、以下の表記で省略。
　　　　　ペレンデール鎌倉……P　ハマナカ……H

[羊毛]
* オレンジ羊毛（ウールキャンディ4色セット アシッドオレンジの中のオレンジ羊毛／H）
* ピンクの羊毛（フェルト羊毛ソリッドNo.56／H）
* 白い羊毛（メリノ染色羊毛 ホワイト／P）
* きんちゃ羊毛（メリノ染色羊毛 きんちゃ／P）
* 黒い羊毛（メリノ染色羊毛 くろ／P）
* いなほ羊毛（メリノ染色羊毛 いなほ／P）
* ねりいろ羊毛（メリノ染色羊毛 ねりいろ／P）
* ちょうじちゃ羊毛（メリノ染色羊毛 ちょうじちゃ／P）

[そのほか]
* ニードルわたわた（生成り／H）
* アルミワイヤー（2㎜／ホームセンター）
* 太めの毛糸（手芸店）
* 8㎜グラスアイ（オリーブ／H）
* ヒゲ（刷毛／ホームセンター）
* 手芸綿

● 完成イメージ

● 植毛ガイド

Hinali が独自に編み出した植毛ガイド。
刺し方、植毛順を表しています。

→ 植毛順
━━ 直線刺し
━━ 折りたたみ直線刺し
○ ねじり点刺し

頭・前

頭・後ろ

からだ・前   からだ・後ろ

## 頭をつくる

### 顔の土台をつくる

1 手のひらに、ニードルわたわたを小ぶりのメロン大ほど、こんもりととる。

2 わたわたを厚さが均一になるように、隙間をつくらず寄せ集めるように折り込む。

3 円形をイメージしながら、直径6cmほどの大きさにまとめる。

4 中心部をニードルで数回刺し、そのあと周辺を刺し固めていく。

5 なかなか刺し固まらない場合は、指でわたわたを潰しながら刺し固めるといい。

6 表面、側面ともに、でこぼこしているところを、厚さが均一になるようにニードルで刺していく。

7 段ボールでつくった指カバーで挟むと、ニードルで指を刺してしまうなどのケガを防げる。

8 子猫の顔の土台は、最終的に直径5cmほどになればよい。

9 厚みは2cmほど。硬さの目安は硬めのベッドマット。顔のつくり込みの途中で形が崩れないように。

## 顔のパーツをつくる

1　中心をとるように線を引き、横線の左右それぞれ1／4の位置に、めうちで穴をあけ、瞳の位置をしるす。

2　瞳の位置にグラスアイを差し込む。グラスアイの変更に対応できるよう、まだ接着剤は使用しない。

3　わたわたをひとつまみとり、マズル（口まわり）を盛り上げる。

4　ニードルを使って刺しつける。マズルの位置を意識しながら少しずつ刺し固めていく。

5　わたわたをひとつまみとり、頬の部分を盛り上げる。

6　マズル部分とつながるように頬を刺しつける。

7　横から見ると、こんな感じ。

8　わたわたをひとつまみとり、まぶた部分を盛り上げる。

9　わたわたはグラスアイを覆うようにのせ、グラスアイを避けながらまわりを軽く刺しつける。

10　覆ったわたわたを押し上げるように下からニードルでやさしく刺し固める。

11　まぶたの下に親指を当てそのカーブを利用しまぶたを形づくる。

12　親指に気をつけながらニードルで刺し固めていく。

41

13 斜めから見た様子。目まわりに奥行きができた。

14 上から見ると、まぶたの高さはこのくらい。

15 わたわたをひとつまみとり、鼻筋をつけていく。

16 まぶたを刺してへこませないように気をつけながら、少しずつ刺し固める。

17 鼻筋をつけるときのポイントは、数回に分けてバランスをみながら盛り、刺しつけること。

18 横から見ると、このぐらいの高さになる。

19 鼻の位置を決め、ペンで印をつける。

20 わたわたをひとつまみとり、鼻から下のマズル部分をさらに盛り上げる。

21 わたわたを鼻の位置に刺しつける。

22 鼻の位置から下にわたわたが左右同じ量になるように置く。

23 下のほうから刺し固めていくと、丸くかたどりやすい。側面を固めながら、わたわたを小さく刺し固める。

24 下から見るとこんな感じ。かなりこんもりとする。

25 上から見ると、おでこ、まぶた、鼻、マズルの高さはこの時点でこのぐらい。

26 口の形をペンで描く。

27 カットワークはさみで、5mm程度の切り込みを入れる。

28 切り込みにあわせてニードルを刺し、くぼみをつける。

29 マズルの下から押し上げるように刺し固める。

30 斜めから見た様子。

31 下あご部分にわたわたを刺しつける。

32 目頭から鼻にかけて筋をつくる。

33 口角にくぼみをつけたら、顔の土台の完成。

34 オレンジ羊毛とピンクの羊毛をとる。

35 羊毛2種をスリッカーで混ぜる。

36 鼻まわりに、下地として35のミックス羊毛を白い羊毛で薄めたものを刺しつける。

**37** 鼻に、ほぐしたきんちゃ羊毛を刺しつける。

**38** 鼻の下から口元にかけて35のミックス羊毛を下地として刺しつける。

**39** 38の上にほぐした白い羊毛を口まわりがうっすらピンク色になる程度に刺しつける。

**40** 黒い羊毛を一筋とる。

**41** 目頭から順に、羊毛を刺していく。

**42** 少しずつ、羊毛を数回に分けて刺すのがポイント。

**43** 余った羊毛を目じりのところでカットする。

**44** わたわたをひとつかみとり、数回に分けて後頭部に刺し固める。

**45** 横から見るとこのぐらいの丸み。

## 耳を付ける

**1** 頭頂部のいらない部分を切り取る。

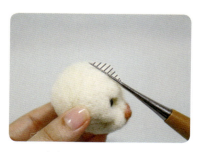

**2** めうちで示した箇所よりも上の部分を切り取る。

**3** はさみで、2で示したいらない部分を、カットする。

4 いなほ羊毛、きんちゃ羊毛をとる。

5 スリッカーで混ぜ、耳の色をつくる。

6 フェルトマットにタオルを敷いて、ミックスした羊毛を三角形をイメージして置き、刺し固める。

7 あらかじめ等辺が6cmになるよう3つ角をまち針で刺す。

8 最終的に等辺が6cmの頂角が鈍角の二等辺三角形になればよい。

9 茶色の三角形の中ほどに、ねりいろ羊毛を刺しつける。

10 P.43の35のミックス羊毛を白い羊毛で薄めたもので、同様の二等辺三角形をつくる。

11 二つの三角形を重ねる。

12 ふちから順番に刺し固める。この場合、ふちをニードルで斜めから刺すときれいにつくれる。

13 段ボール（P.40で使用）に挟み、ふちをさらに刺し固める。

14 中心部も反対側に羊毛が飛び出ないように軽く刺し固めていく。同じものをもう1枚つくる。

15 耳の形のイメージ。耳の後ろは弧になっている。

16 左の耳を、目頭の延長線上からまち針で仮どめする。

17 後ろには、弧を描くようにまち針で仮どめする。

18 上から見ると、こんな感じ。

19 耳を接着する部分を切り取るために、先ほどまち針で仮どめした部分にペンで印をつける。

20 両耳が重なる頭頂部の部分を厚さ4㎜程度、切り取る。

21 左の耳を再びまち針でとめる。

22 ペンで印をつけたところでカットする。

23 まち針に沿ってニードルで刺しとめる。

24 右耳も同様に刺しとめる。

## 頭に植毛をする

1 スリッカーでほぐした白い羊毛をひとつまみとり、鼻筋あたりからおでこにかけて刺しつける。

2 瞳のまわりにも白い羊毛を刺しつける。

3 口まわりも同様に。

4 　35（P.43）のミックス羊毛を口のあたりに下地として刺しつける。

5 　ほぐしていないそのままの白い羊毛を下あごに植毛する。

6 　最後にあごひげのようになった部分をカットする。

7 　いなほ羊毛、きんちゃ羊毛、ねりいろ羊毛、白い羊毛を用意する。

8 　羊毛をミックスしてそれぞれの中間色をつくる。

9 　白、ねりいろ、ねりいろ+いなほ、いなほ、いなほ+きんちゃ、きんちゃ、の6色にする。

10 　後頭部の耳の付け根あたりから直線刺しで、植毛する。

11 　2mm間隔で植毛していく。

12 　横から見るとこんな感じ。耳の付け根ぎりぎりまで植毛する。

13 　植毛した毛が絡まないように、めうちで毛並みを整えながら作業する。

14 　直線刺しで模様を植毛する。

15 　後頭部の植毛が終わったところ。

47

16 横から見るとこんな感じ。

17 毛並みを意識して、頭をなでるようにカットする。

18 横から見るとこんな感じ。

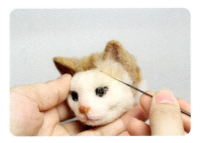

19 耳の手前からまぶたあたりまでを折りたたみ直線刺しで植毛していく。

20 毛が倒れるように植毛した根元部分を刺し押さえる。

21 目の下にも植毛していく。頬の盛り上がりがつぶれないように注意しながら。

22 目の下の植毛が終わったところ。

23 上から見るとこんな感じ。

24 余分な毛をカットする。

25 白い羊毛をねじり点刺しで頬の下に植毛する。

26 植毛が終わったところ。

27 マズルやあご下にも、ねじり点刺しで植毛する。毛流れに注意する。

**28** 植毛が終わったところ。

**29** 余分な毛をカットする。

**30** だいたいこのぐらいの長さに。

**31** 横から見るとこんな感じ。

**32** 反対側も同じ要領で植毛する（19〜31を参考に）。

**33** 上から見るとこんな感じ。

**34** 頭頂部からおでこまでの植毛が終わったところ。

**35** おでこの形に注意しながら余分な毛をカットする。

**36** まぶた辺りの細かい模様はねじり点刺しで一つずつ植毛していく。

**37** 模様を刺し終えてカットしたところ。

**38** 白い羊毛を目じり側から目頭に向けて、ねじり点刺しで植毛していく。

**39** 頬、側面の模様を、すでに植毛してある毛の隙間に直線刺しとねじり点刺しで植毛していく。

49

40 余分な毛をカットする。

41 反対側も同じように植毛し、カットするとこんな感じに。

42 ちょうじちゃ羊毛を少量とる。

43 目頭に、シミを刺しつける。

44 42の羊毛を少量とり、指でよる。

45 鼻下から口にかけて刺し付ける。

46 仕上がりはこんな感じ。口元がくっきりする。

47 白い羊毛をひとつまみとる。

48 耳の内側の付け根あたりに、ねじり点刺しで一回植毛する。耳からはみ出した毛はカットする。

49 頭部が完成。

## からだをつくる

### 基本の骨組みをつくる

1　55cmほどにカットしたアルミワイヤー2mmサイズを2本用意する。

2　2本のワイヤーを端から約16cmのところでクロスさせながら、ねじる。

3　ねじった部分が約12cmになるようにする。ワイヤーを16cm残して余分なところをカットする。

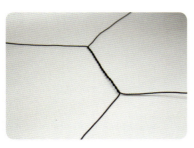

4　前足、後ろ足部分の長さが16cm、胴体部分の長さが12cm。

5　ワイヤーに羊毛が絡まりやすいように、毛糸を巻きつける。

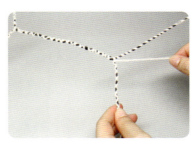

6　一周したら、逆方向に巻きつける。

7　毛糸をとめるときには、ニードルでねじり目を押し込むと便利。

8　Y字になっている部分にわたわたを巻きつける。

9　わたわたを引っ張りながら緩みなく巻きつける。

10 鎖骨部分から背骨部分へ、ずらしながら巻きつける。

11 羊毛をとめるときは、ニードルで刺しとめる。

12 両側とも行う。

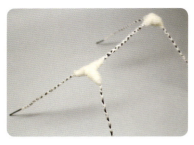

13 Y字の箇所を、写真のように折り曲げる。四つん這いのイメージ。

14 前足部分をつくる。

15 S字をイメージして、鎖骨、ひじの箇所を折り曲げ、写真のような形をつくる。

16 後ろ足部分をつくる。おしりになる部分（骨盤の下あたり）を内側に折り曲げる。

17 同じくS字をイメージして、膝、かかと部分を折り曲げる。

18 基本の骨組みが完成。これを元にいろいろなポーズに変えていく。

19 胴体の部分に、わたわたを巻きつける。

20 膝部分とかかと部分を小さく折りたたみ、背中にも曲線をつくる。

## 骨組みに肉づけする

1 骨組みの骨盤部分に手芸綿を刺しつけ安定させる。

2 胴体部分に手芸綿を巻きつけ、刺し固める。

3 斜め後ろから見るとこんな感じ。背中は猫背ぎみに。

4 後ろ足のももの部分をふっくらさせるように刺し、くぼみをつける。

5 前足と後ろ足4本をつくる。ソフトボール大のほぐした白い羊毛を、筒状に丸める。

6 まずは直径20mmの筒ができるように刺し固める。硬さは敷布団程度。

7 少し楕円形になるよう、潰しながら刺し固める。

8 足先が曲がるくらいの硬さに。表面は硬く中は柔らかい。

9 カットワークはさみで足の先に約1mmの深さの切り込みを入れる。

10 カットしたところをふさぐようにニードルで刺し固める。

11 肉球を付ける箇所を平たく刺し固める。

12 肉球の付け位置にカットワークはさみで小さな切り込みを入れる。約1mmの深さ。

53

13 ピンクの羊毛をひとつまみとり、先ほどの切り込み部分に刺し込むように肉球をつける。

14 思った通りの位置に刺し固めるために、鉛筆で印をつけてから刺しつけてもよい。

15 ワイヤーに通しやすいよう、めうちで穴をあける。

16 ボンドをつけたワイヤーに前足をかぶせ、ニードルで結合させる。

17 前足のみ、足の先から1cmほどのところをワイヤーごと曲げて、その部分にくぼみをつける。

18 両足の位置を決めたら、ニードルで刺し固め、固定する。

19 胴体の手芸綿を少し引っ張り、結合部にかぶせるようにする。

20 再び刺し固める。

21 16と同様、反対側も前足、後ろ足をかぶせる前にボンドをつけて補強してもよい。

22 胴体と両足のベースが完成。

23 下から見るとこんな感じ。

24 前足の付け根に、わたわたを刺し固める。

25 胸元も同様に刺し固める。

26 腹部の空いたスペースを埋めるように刺し固める。

27 わたわたをとり、頭と首を接合する。首にわたわたを刺しつける。

28 首の根元部分以外は刺し固めない。ふわふわのままにしておく。

29 頭をのせ、首の角度を好みで決める。

30 28でふわふわのままにしたわたわたで、首元を刺し固める。いろいろな角度から刺して頭をしっかり接合する。

31 前から見るとこんな感じ。首の角度を少し斜めにすると、頭をかしげたように見える。

32 横から見るとこんな感じ。子猫特有の頭と胴体のバランス。

33 しっぽを付ける箇所にめうちで穴をあけ、仮のワイヤーを差しておく。

## からだに植毛をする

1 ペンで薄く模様の下絵を描く。直線刺しで、おしりから順に背骨に沿って、きんちゃ羊毛を植毛する。

2 3mm間隔で下から上へ植毛し、背中部分の毛並みをつくっていく。

3 猫背のカーブのピークあたりまで直線刺しで植毛したところ。横から見るとこんな感じ。

4 猫背のカーブがなだらかなところから折りたたみ直線刺しに変えて植毛していく。

5 折りたたみ直線刺しで植毛し、カットしたところ。毛の向きが少し変わった。

6 おしりから順に、いなほ＋ねりいろのミックス羊毛を薄くとり、直線刺しで植毛していく。

7 5で植毛した毛の隙間に重なるように直線刺しをしていく。

8 毛の重なり具合はこんな感じ。

9 余分な毛をカットする。

10 ざっくりとカットしたところ。

11 おしりから太ももの部分に、白い羊毛を折りたたみ直線刺しで植毛する。

12 植毛した毛がしっぽの付け根に向かって流れるようにする。

13 両側に植毛したところ。後ろから見るとこんな感じ。

14 余分な毛をカットする。

15 模様にあわせて羊毛の色を変えながら植毛する。

**16** 3mm間隔で折りたたみ直線刺しを続ける。

**17** ときおり植毛した毛が絡まらないよう、めうちで毛をときほぐす。

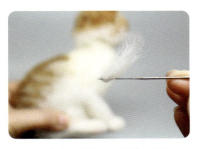

**18** ねじり点刺しでの羊毛の量はこのくらい(場所によって量は変わる)。

**19** ねじり点刺しで、足の付け根の隙間を埋めていく。

**20** 脇の内側もねじり点刺しで埋めていく。

**21** 前足の付け根から胸元にかけて折りたたみ直線刺しで植毛していく。

**22** ニードルがワイヤーにあたって植毛しづらい場合は、ねじり点刺しでもよい。

**23** 両方の植毛を終え、カットしたところ。

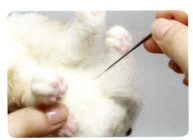

**24** 内股あたりも同様にねじり点刺しで植毛する。

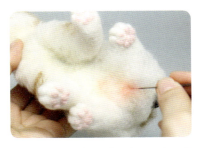

**25** P.43の35でつくったミックス羊毛をお腹の下あたりに下地として刺しつける。

**26** 腹部に白い羊毛をねじり点刺しで植毛していく。

**27** カットしづらい箇所の植毛の場合、あらかじめ羊毛の毛先をカットしておく。

**28** 胸元に、ねじり点刺しで植毛していく。

**29** 胸元をカットしたところ。

**30** あごにねじり点刺しで植毛する。口の中心部分から外側に向かって植毛する。

**31** 顔のバランスをみながらあご下の毛をカットする。長めに残しておくと後からアレンジができる。

**32** 背中と首の間を直線刺しで植毛して埋めていく。

**33** すべて植毛してカットしたところ。後ろから見るとこんな感じ。

## Hinaliのこだわり

### 羊毛フェルト猫に命をふきこむ!?

2、3年前から、からだをつくるときに、ハートを埋め込む作業が恒例になっています。ピンクの羊毛でモデル猫さんの毛や飼い主さんのメッセージ付きレターを包み、刺し固めたハートを、植毛前の胸元に刺しつけます。上からわたわたで軽く肉づけし、植毛。見えなくなってしまうからこそロマンチックな、Hinaliのこだわりでした。

シャムトラの『じいにゃん』をモデルにつくりました

ハートの中に包むお手紙は、鉛筆の先よりも小さい

## しっぽをつくる

**1** アルミワイヤーを10cm用意し、ペンチを使って、先端15mmほどをU字に折り曲げる。

**2** きんちゃ羊毛＋いなほ羊毛をミックスし、折り曲げた部分にひっかける。

**3** 2つに折り曲げてU字部分をペンチでつぶす。

**4** ワイヤー部分を毛糸で巻き、その上からわたわたを巻きつけ、刺しつける。

**5** ニードルがワイヤーに当たらない箇所を探しながら、ねじり点刺しで2でつくったミックス羊毛を一束ずつしっぽに植毛する。

**6** 植毛の向きをゆるい放射線状にする。

**7** しっぽの表面に模様をつけていく。あらかじめペンで模様の下書きをしておくといい。

**8** 裏にも植毛を施す。

**9** カットする前にめうちで植毛の毛流れを整えておく。

**10** まずは大まかにしっぽの輪郭に沿って、次に毛流れを意識しながら先端に向かってカットする。

**11** めうちで毛並みを整え、余分な毛を落とす。

**12** 仮のワイヤーしっぽを抜き、羊毛しっぽのワイヤー部分にボンドをつけ差し入れる。

**13** めうちを使って、毛並みを整え、おしりとしっぽの間に植毛をして自然になじませる。

**14** めうちを使って目を取り出し、ボンドで接着する。刷毛を好みの長さに切り、ボンドをつけてヒゲの位置に差し込んだら、茶白子猫の完成。

## Hinali's episode

### Hinaliの処女作

　私がはじめて羊毛フェルトに触れたのは、5年前のこと。書店で見かけた羊毛フェルトの本がきっかけで、飼っていた柴犬をつくってみようと思いました。羊毛フェルトの、製図のないアバウトな自由なスタイルが私に合っていて、これまで続けています。いまでは、猫の魅力をそのまま表現したいというこだわりに燃えています。

〈全身リアル羊毛フェルト猫のつくり方編〉
# スコティッシュフォールド（転がり姿）

スコットランド生まれのやさしい猫。
子猫のような、たれたままの耳はもちろん、
大きくてまんまるの目と、ちょっとつぶれたお鼻も愛らしい。
スコティッシュ特有の「スコ座り」ポーズの、
あの哀愁漂う後ろ姿はなんともいえません。
思わず声をかけたくなるほど。

ここでは、「スコ座り」のつくり方を植毛ガイドと骨組みのつくり方、肉づけの方法で解説。
必要な材料一覧と、植毛ガイドを参考に植毛まで行ってください。

● 材料　材料のブランド名は、以下の表記で省略。
　　　　ペレンデール鎌倉……P　ハマナカ……H

[羊毛]
* 白い羊毛 (メリノ染色羊毛 ホワイト／P)
* 黒い羊毛 (メリノ染色羊毛 くろ／P)
* ちょうじちゃ羊毛 (メリノ染色羊毛 ちょうじちゃ／P)
* いなほ羊毛 (メリノ染色羊毛 いなほ／P)
* ねりいろ羊毛 (メリノ染色羊毛 ねりいろ／P)
* ピンクの羊毛 (ランヴィエ染色羊毛 櫻色／P)

[そのほか]
* ニードルわたわた (生成り／H)
* アルミワイヤー (2㎜／ホームセンター)
* 太めの毛糸 (手芸店)
* 8㎜グラスアイ (オリーブ／H)
* ひげ (刷毛／ホームセンター)
* 手芸綿

● 完成イメージ

● つくり方

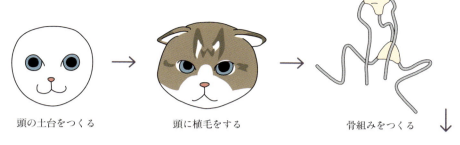

頭の土台をつくる　　頭に植毛をする　　骨組みをつくる

からだに植毛をし、完成

肉づけをし、頭を合体

● 植毛ガイド

Hinaliが独自に編み出した植毛ガイド。
刺し方、植毛順を表しています。

→ 植毛順
― 直線刺し
― 折りたたみ直線刺し
○ ねじり点刺し

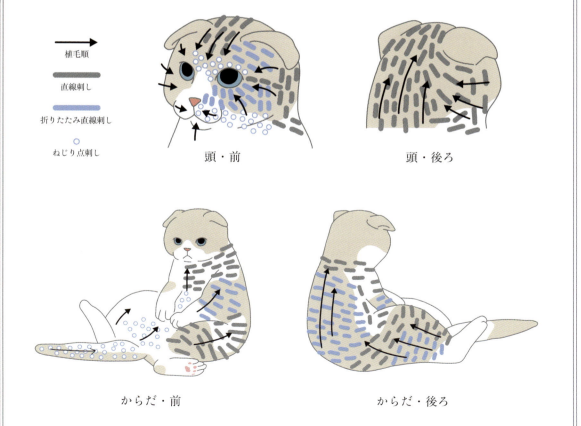

頭・前　　頭・後ろ

からだ・前　　からだ・後ろ

## ワイヤーで骨組みをつくる

1 P.51〜52を参考に、基本の骨組み、前足、後ろ足それぞれのパーツを用意する。

2 骨盤を倒すように向きを変える。

3 腰の部分を右手で支えながら、股関節を開くように足を横に倒す。

4 腰の部分を支えながら、両腕をのばす。

5 前足が地面につくくらいがベスト。

6 前足のパーツを一度はめる。

7 バランスを見ながら長すぎるワイヤー部分をカットする。

8 手足のワイヤーにボンドをつけて足のパーツを接着する。写真のようなポーズができたら骨組みの完成。

# 骨組みに肉づけする

1 ニードルわたわたを丸めてキウイほどの大きさに刺し固める。

2 骨盤の前に1の塊をのせる。

3 わたわたをシート状にとる。

4 シート状のわたわたを背中とおしりに当て、包み込むように巻きつける。

5 巻きつけた部分をニードルで刺し固めていく。

6 骨盤部分や足の付け根部分に刺しつけていく。左右が均等になるようにわたわたを足しながら刺し固める。

7 胴体の中心部分ができた。

8 足に肉づけをしやすくするため、肩部分のワイヤーを、少し持ち上げる。

9 わたわたをシート状にとり、太ももになる部分の下に敷く。

10　わたわたで太ももを包み込むようにたたむ。

11　膝まわりを刺し固めるときは、手のひらサイズにカットしたフェルトマットを当てると便利。

12　両足に肉づけした状態。

13　わたわたをシート状にとり、背中から前足にかけて巻きつける。

14　前足の骨組みに巻きつけた部分から、刺し固めていく。

15　このとき、腕とからだの境目をニードルで刺して線を付けておく。

16　ぺたんと座り込んだポーズにする。

17　横から見た様子。おしりが少しでっぱる。

18　足の付け根とおしりの隙間を、ももの付け根から裏側までぐるりとわたわたで埋めていく。

19　刺し固める。

20　完成したときに座らせるために、おしりから太ももにかけて平らにする。

21　胸元のへこみを埋める。

**22** 骨組みのワイヤーにニードルが当たるのを気をつけながら、わたわたで刺し固めていく。

**23** お腹のぽっかり空いたスペースにわたわたを詰める。

**24** お腹がぽっこりでるよう、股のあたりまでわたわたを足しながらニードルで刺し固める。

**25** 裏からも刺し固める。

**26** 膝の裏など、見本となる猫と見比べて、適宜肉づけする。

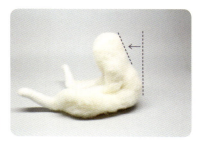

**27** 横から見た姿。背中の位置は腰の位置より前に。

**28** 前足と背中の境界線にくぼみをつける。

**29** 頭部をつくり（P.63のつくり方・植毛ガイドを参照）、位置を決め、刺しつけて固定する。

**30** ひじの内側にわたわたを足す。

**31** わたわたをひとつまみとり、ひじの隙間など、肉づけが足りない部分につける。

**32** ニードルで刺し固める。

**33** 横から見た様子。

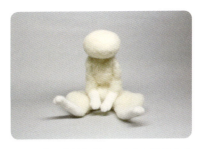
**34** 前から見た姿。この上に植毛することを前提に、完成イメージよりも細くつくるのがポイント。

**35** しっぽの生えている位置にめうちで穴をあける。

**36** 仮のワイヤーを差しておく。座った状態なのでワイヤーは直角に曲げる。

**37** P.63の植毛ガイド、P.62の完成図を参考に、植毛を施し、完成。

からだの植毛の方法、しっぽの付け方は、P.55〜60を参照

## Hinali's point

### 上級者編
### 可動式の首で、撮影のバリエーションがアップ！

今回登場したスコティッシュフォールドは、首を固定しませんでした。そのため、少し首をかたむけたり、顔だけこちらを向けるなど、多彩なポージングが可能に。

これは撮影用のためで、作品として保管する場合には首を接着してください。

[つくり方]
頭部とからだを接合する前に、からだに植毛を施します。それぞれが完成したら、からだの首の位置にワイヤーを差し込み、頭部には、ワイヤーを通すための穴をめうちであけ、合体。めうちを使って毛並みをなじませます。

ぼんやりと景色を眺めるスコティッシュ

ふと首を横に動かす姿は生きた猫そのもの

〈全身リアル羊毛フェルト猫のつくり方編〉
# 三毛猫（香箱座り姿）

白・オレンジ・黒という見事な3色の組み合わせが特徴の日本猫。
三毛猫はプライドが高く、気分屋さんで、気品のある振る舞いはまるで貴婦人のよう。
ときに甘えん坊の一面も見せてくれ、ツンデレにやられてしまう飼い主さん多数。

ここでは、猫の王道ポーズである「香箱座り」のつくり方を
植毛ガイドと骨組みのつくり方、肉づけの方法で解説。
香箱座りは比較的簡単なポーズだと思うので、
こちらから挑戦してみるのもいいかもしれません。

● 材料　材料のブランド名は、以下の表記で省略。
　　　　ペレンデール鎌倉……P　ハマナカ……H

[羊毛]
* 白い羊毛（メリノ染色羊毛 ホワイト／P）
* 黒い羊毛（メリノ染色羊毛 くろ／P）
* ちょうじちゃ羊毛（メリノ染色羊毛 ちょうじちゃ／P）
* いなほ羊毛（メリノ染色羊毛 いなほ／P）
* ピンクの羊毛（ランヴィエ染色羊毛 櫻色／P）

[そのほか]
* ニードルわたわた（生成り／H）
* 手芸綿（ホワイト／H）
* アルミワイヤー（2mm／ホームセンター）
* 太めの毛糸（手芸店）
* 8mmグラスアイ（オリーブ／H）
* ひげ（刷毛／ホームセンター）
* 手芸綿

● 完成イメージ

● つくり方

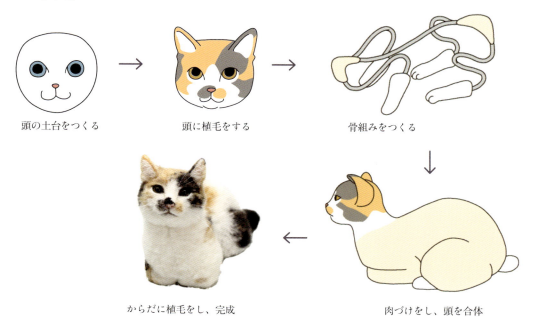

頭の土台をつくる　　頭に植毛をする　　骨組みをつくる

からだに植毛をし、完成　　肉づけをし、頭を合体

● 植毛ガイド

Hinali が独自に編み出した植毛ガイド。
刺し方、植毛順を表しています。

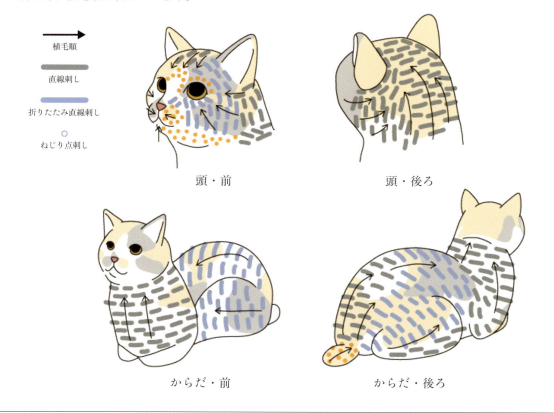

植毛順
直線刺し
折りたたみ直線刺し
ねじり点刺し

頭・前　　頭・後ろ

からだ・前　　からだ・後ろ

## ワイヤーで骨組みをつくる

1 P.51〜52を参考に、基本の骨組み、前足、後ろ足それぞれのパーツを用意する。

2 前足、後ろ足を差して、写真のようなポーズをつくる。ワイヤーにボンドをつけて、手足を接着する。

3 前足を内側に折り込む。香箱座り特有の折り込まれた前足を表現。

## からだをつくる

### ワイヤーにわたわたを巻きつける

1 ニードルわたわたを首元から順に巻きつける。

2 巻きつけたら、ほぐれてしまわないように刺し固める。

## 手芸綿と羊毛で肉づけする

1 手芸綿をハンドボール大とり、円柱になるようしっかりと丸める。

2 刺し固める。

3 これがお腹の部分となる。硬さは、座布団が目安。

4 骨組みの背骨部分と重ね合わせる。

5 上からシート状に広げた手芸綿をかぶせる。

6 お腹から背中にかけて全体に巻きつける。

7 ずれてしまわないよう刺し固める。

8 前足を内側に折りたたむ。前から見るとこのように。

9 下から見るとこんな感じ。前足が胴体にぴったりとくっついていることを確認する。

10 後ろ足の位置を、写真のように調節する。

11 上から見た様子。

12 前足から、骨組みに沿ってわたを刺し固める。

**13** ワイヤーを隠すようにわたわたをつけ足していく。

**14** ひじから肩の隙間部分を埋めるように肉づけする。

**15** 肩から腰にかけて、わたわたで肉づけをしていく。

**16** わたわたをとり、太ももあたりを肉づけする。

**17** 後ろ足のワイヤーを隠すようにわたわたを刺し固めていく。

**18** こんな感じ。わたわたをたっぷり使って刺し固める。

**19** わたわたをとり、背中にのせ、盛り上げる。

**20** 首の位置より高くなるよう盛り上げながら刺し固める。

**21** 裏返して、脇の隙間をわたわたで埋めていく。

**22** 首部分のぽっかり空いているところにわたわたを詰め刺し固める。

**23** P.40〜50を参考に頭をつくり、首部分にのせ、まち針で仮どめし、隙間を埋めるように刺し固める。

**24** これに植毛、しっぽの取り付けを行えば完成。

*からだの植毛の方法、しっぽの付け方は、P.55〜60を参照*

〈全身リアル羊毛フェルト猫のつくり方編〉
# シャムトラ猫（座り姿）
# サバ白猫（寝そべり姿）

アジア生まれのシャムトラ猫。
聡明さが漂うブルーの瞳に、飼い主さんのハートは射貫かれてしまいそう！
遊びまわるのが大好きなので、
うちのコにしたらたくさん遊んであげてくださいね。

ここでは、シャムトラ猫のつくり方を図で解説。
ある程度羊毛フェルト猫づくりに慣れてきたら、
P.40〜60のつくり方を参考に、挑戦してみてください。

● 材料　材料のブランド名は、以下の表記で省略。
　　　　ペレンデール鎌倉……P　ハマナカ……H

[羊毛]
* 白い羊毛（メリノ染色羊毛 ホワイト／P）
* 黒い羊毛（メリノ染色羊毛 くろ／P）
* とびいろ羊毛（メリノ染色羊毛 とびいろ／P）
* ねずいろ羊毛（ナチュラル羊毛 グレイメリノ／P）
* ちょうじちゃ羊毛（メリノ染色羊毛 ちょうじちゃ／P）
* ねりいろ羊毛（メリノ染色羊毛 ねりいろ／P）
* ピンクの羊毛（ランヴィエ染色羊毛 櫻色／P）

[そのほか]
* ニードルわたわた（生成り／H）
* アルミワイヤー（2㎜／ホームセンター）
* 太めの毛糸（手芸店）
* 10㎜グラスアイ（ブルー／H）
* ひげ（刷毛／ホームセンター）
* 手芸綿

● 完成イメージ

● つくり方

頭の土台をつくる　　頭に植毛をする　　骨組みをつくる

からだに植毛をし、完成

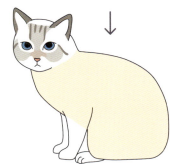

肉づけをし、頭を合体

● 植毛ガイド

Hinali が独自に編み出した植毛ガイド。
刺し方、植毛順を表しています。

→ 植毛順
― 直線刺し
― 折りたたみ直線刺し
○ ねじり点刺し

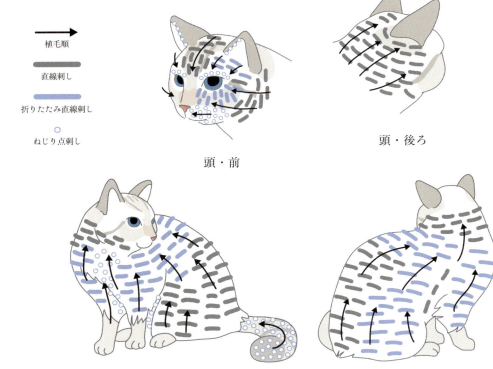

頭・前　　頭・後ろ

からだ・前　　からだ・後ろ

日本猫の中でもかなりポピュラーなサバ白猫。
はじめのうちは警戒心が強いけれど、
だんだんと心を開いてフレンドリーになる。
飼い主さんだけに見せる甘えん坊ぶりが可愛い。

ここでは、サバ白猫のつくり方を図で解説。
ある程度羊毛フェルト猫づくりに慣れてきたら、
P.40〜60のつくり方を参考に、挑戦してみてください。

● 材料　材料のブランド名は、以下の表記で省略。
　　　　ペレンデール鎌倉……P　ハマナカ……H

[羊毛]
* 白い羊毛（メリノ染色羊毛 ホワイト／P）
* 黒い羊毛（メリノ染色羊毛 くろ／P）
* ねずいろ羊毛（ナチュラル羊毛 グレイメリノ／P）
* ピンクの羊毛（ランヴィエ染色羊毛 櫻色／P）

[そのほか]
* ニードルわたわた（生成り／H）
* アルミワイヤー（2㎜／ホームセンター）
* 太めの毛糸（手芸店）
* 10㎜グラスアイ（ライトブルー／H）
* ひげ（刷毛／ホームセンター）
* 手芸綿

● 完成イメージ

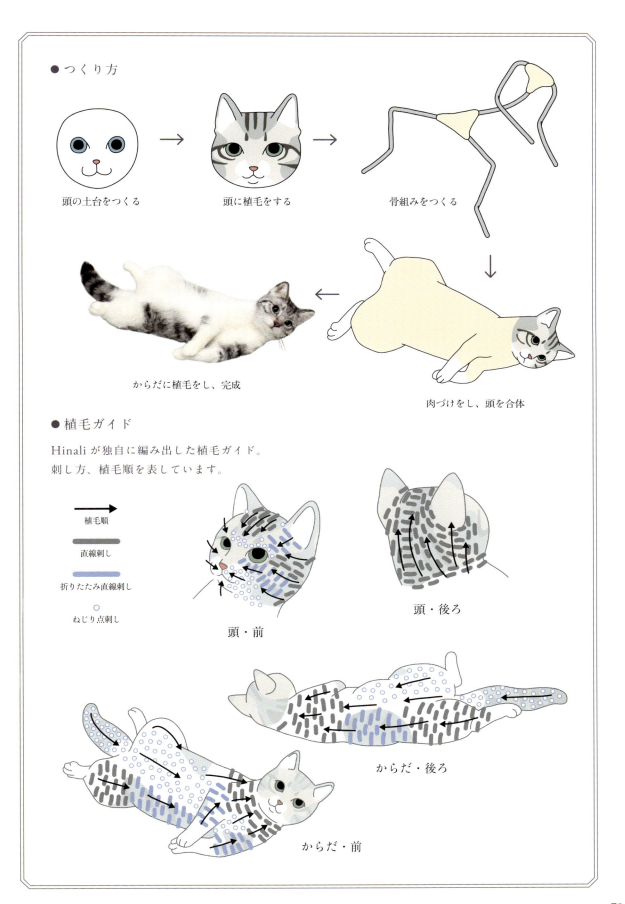

顔だけ猫、フレーム猫

リアルな毛並みを得意とするHinaliの羊毛フェルト猫は、
顔だけ、しっぽだけ、足だけでも、猫の愛らしさを表現できます。
猫のからだのパーツをフレームに入れ込んでみたり、
タオルの隙間から前足をのぞかせてみたり……。
まるでうちのコがいたずらして隠れているみたいで、
ほほ笑んでしまいます。

植毛箇所が少ないので、
これから羊毛フェルトを始める人は、
顔だけ猫、フレーム猫に挑戦してみるのがおすすめです。

キジ白猫

白黒猫

茶トラ白猫

茶白猫

ペルシャ猫

〈フレーム羊毛フェルト猫のつくり方編〉
# 八割れ猫（顔だけ＋前足）

今回つくるのは、おでこが「八」の字に割れた模様の猫です。
窓から前足と顔をひょっこりのぞかせた八割れ猫。
キラキラと光るイエローの瞳が少しミステリアスで、
猫特有の妖艶さを感じさせます。
口元のちょびひげ模様をアクセントに。
制作部分が顔と手だけで、
また植毛部分が少ないので、
初心者がチャレンジするにはぴったりです。
模様のアレンジなどして、
オリジナルのフレーム猫ちゃんをつくってみてくださいね。

● 材料　材料のブランド名は、以下の表記で省略。
　　　　ペレンデール鎌倉……P　ハマナカ……H

［羊毛］
* 白い羊毛（メリノ染色羊毛 ホワイト／P）
* 黒い羊毛（メリノ染色羊毛 くろ／P）
* ピンクの羊毛（ランヴィエ染色羊毛 櫻色／P）

［そのほか］
* ニードルわたわた（生成り／H）
* 8㎜グラスアイ（猫目イエロー／みぃすけぽん）
* ひげ（刷毛／ホームセンター）
* 木製フレーム
* フェイクグリーン

● 完成イメージ

# 頭をつくる

## 顔のパーツをつくる

1 直径5cmの土台にグラスアイをつける。

2 ニードルわたわたをひとつまみとり、マズルを盛り上げる。

3 周囲をまんべんなく刺し固める。

4 頬骨を盛り上げる。

5 目じりのあたりまで刺しつける。

6 前から見た様子。

7 反対側にも刺しつける。上から見た様子。

8 顔の上下左右にまち針を刺す。顔のバランスを確認するのに役立つ。

9 わたわたをひとつまみとり、おでこからまぶた、鼻筋にかけてグラスアイが隠れるくらい覆う。

10 グラスアイを避けて刺しつける。まぶたは少し高めに盛り上げるのがコツ。

11 親指の爪のカーブをうまく活用してまぶたを形づくる。

12 まぶたの下から押し上げるように刺し固める。瞳のきわまでしっかりと盛り上げる。

13 左のまぶたができたところ。右側も同様に刺し固める。

14 横から見るとこんな感じ。

15 鼻筋あたりからマズル部分にかけて、わたわたを追加する。

16 顔の表面から鼻のてっぺんまでの高さは約2cm。

17 横から見ると、少し大きめに見える。

18 口に線を引き、5mmの切り込みを入れる。

19 切り込みにあわせて口をへこませる。

20 鼻筋にわたわたを刺しつける。

21 鼻筋をつくりながら鼻の先からおでこのあたりまで順に刺し固めていく。

22 目頭をニードルで刺し、へこませる。

23 頭頂部のいらない部分を斜めにカットする（P.44参照）。

24 さらにいらない部分をカットする。

25 頭の角も切り取る。

26 後頭部にわたわたを刺しつける。

27 横から見るとこんな感じ。フレームに収めるのでこのくらいの幅に抑える。

## 耳を付ける

1 P.45を参考に、等辺が6cmの直角二等辺三角形をつくる。黒い羊毛とピンクの羊毛を使用。

2 頭頂部に、耳を固定するために必要な切り込みを入れるため、マーキングする。

3 4mm程度切り取る。

4 二等辺三角形の頂点が耳の頂点になるように、まち針で仮どめする。

5 フレーム用なので耳の位置は前気味に。

6 反対側も同じ位置と角度になるよう、まち針でとめる。

7 口の端と目じりを結んだ延長線上に、耳の外側がくるように。

8 まち針で仮どめをする。

9 まち針を付けたまま、耳のサイドをわたわたで刺し固め、耳を固定する。

10 横顔部分をわたわたで盛り上げながら刺しつける。

11 耳の後ろの弧の部分をたたむように。

12 わたわたで後頭部を刺し固める。

## 模様をつける

1 耳の付け根からまぶた上にかけて、ほぐした黒い羊毛を刺しつけ八割れ模様をつける。

2 左側の八割れ模様ができた。

3 頬骨にかけても色をつける。

4 あまり強く刺し固めすぎると、土台が沈み込んでしまうので注意が必要。

5 親指の爪のカーブを使いまぶたの丸みをつくる。

6 片側が完成。

**7** 反対側も同様に。

**8** 目の下に、ほぐした白い羊毛を刺しつける。

**9** 余った箇所はカットし、黒い部分になじませる。

**10** 頬のくぼみあたりにも同様に刺し固める。

**11** 余った部分はカット。

**12** あごも同様に刺し固める。

**13** 余った部分はカット。これを反対側の頬にも繰り返す。

**14** 鼻筋も同色の羊毛をのせる。

**15** 鼻先からおでこのあたりまで刺し固め、余った部分をカットする。

**16** 鼻にピンクの羊毛を刺しつける。

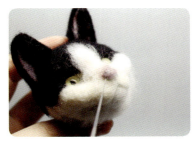

**17** 鼻の左右から立体になるよう刺し固める。

**18** 上から白い羊毛を少しかぶせる。

19 鼻の形を際立たせるようにして、くぼみをつける。

20 口角付近からマズル全体に、ねじり点刺しで植毛を繰り返す。顔を何か硬いものにのせて持つと安定して植毛がしやすい。

21 左側の植毛が終わったところ。

22 顔からはみ出した毛を、フェイスラインに沿ってカットする。

23 いろんな角度からカットして、マズルの形をつくっていく。

24 上から見たカットの様子。

25 両方のマズルを植毛してカットしたところ。

26 黒い羊毛を一筋とり、グラスアイのきわを埋め、余った羊毛はカットする。

27 ピンクの羊毛を一筋とり、鼻の横をふちどる。

28 続けて、鼻の下から口にかけてピンクの羊毛を刺しつける。

29 白い羊毛を、ねじり点刺しで耳の内側の根元に植毛する。

30 両耳とも植毛し、余った部分はカットする。

**31** 下から見た様子。

**32** 後頭部の下部にほぐした白い羊毛を多めに刺しつける。

**33** 表からも刺しつける。

**34** 32の羊毛を表側にたたみながらあごの下に刺し込む。

**35** 横から見た様子。フレーム用の半立体。

**36** ひげの根元にボンドを少量つけてマズルに刺しつける。

**37** 目元に白い羊毛を少し足すと白黒猫らしさが増す。

**38** 横から見た様子。

**39** 下から見た様子。

## ◦ Hinali's point ◦

### 完成した作品の保管方法

羊毛は湿気や害虫の影響を受けやすいので、防虫剤や乾燥剤を、ケースの中に一緒に入れて保存しています。Hinaliが使用しているのは、小型の防虫剤。ほのかな甘い香りもお気に入りです。ケースは100円ショップで見つけたフレームとプラスチック板を細工してつくりました。

## フレームに入れる

1 木製フレームとフェイクグリーンを用意する。

2 フレームの背面を取り外し、完成した頭部の首元をグルーガンでフレームのコーナー部分に接着させる。

3 フェイクグリーンをあててみて、バランスを見ながら余分な葉を取り除く。

4 グルーガン(※)で、フレームの裏側からふちに沿って接着する。お好みで鳥のモチーフなどをつけてもよい。

※グルーガンとは、溶かした樹脂を使って接着する道具のこと。

### Hinali's point

お手頃な値段のフレームをオリジナルの羊毛フェルト猫フレームに♪

#### フレームの選び方

羊毛フェルト猫はかなり立体的。なので、なるべく奥行きのあるフレームを選びます。フレームから少し飛び出るくらいが可愛いです。

#### フェイクグリーンの選び方

フェイクグリーンはツタ系統を選ぶとテクニックいらずで簡単。お好みでところどころにお花をトッピングしても素敵。

# アレンジの追加法

一度完成したフレーム猫。
なんだか物足りないと感じたらリメイクしちゃいましょう。
ここでは模様や前足を追加する方法をご紹介します。

1　鼻の付近に、ほぐした黒い羊毛を、ひげに気をつけながら少量ずつ刺しつける。

2　黒い斑点は、大きめにつけると愛嬌のある表情に。

3　余分な毛はカット。

4　カットした後の顔に付着した細かい毛は粘着力の弱いマスキングテープを使うと本体を傷つけずに取り除ける。

5　あごを持ち上げるようにして、P.53～P.54を参考につくった前足を挟む。

6　まち針で仮どめする。

7　後ろから羊毛をかぶせる。

8　刺し固める。

9　フレームからはみ出した前足の裏側をグルーガンで接着する。前足はフレームから少しはみ出すようにして接着すると、躍動感のあるフレーム猫が完成する。

Hinali　ヒナリ

1976年、沖縄県生まれ。
2011年から独学で羊毛フェルトを始める。
東京都美術館や関西での展示会に参加。
「NEKOISM展」審査員賞、マガジンランド主催「贈る展」3位受賞。
フジテレビ「ノンストップ！」にて作品が紹介され、
国内外のネットサイトにて話題に。

ウェブサイト　　http://www.hinalifelt.com
ブログ　　　　　http://ameblo.jp/hinalili
ツイッター　　　http://twitter.com/hinalifelt
インスタグラム　http://instagram.com/hinali_felt
フェイスブック　http://facebook.com/hinaliyomo

うちのコにしたい！
羊毛フェルト猫のつくり方

2016年 9月22日　初版発行
2024年11月30日　17版発行

著　者　　Hinali
発行者　　山下直久
発　行　　株式会社KADOKAWA
　　　　　〒102-8177 東京都千代田区富士見2-13-3
　　　　　TEL：0570-002-301（ナビダイヤル）
印刷・製本　TOPPANクロレ株式会社

ISBN 978-4-04-068670-7　C0077

©Hinali 2016
Printed in Japan

＊本書の無断複製（コピー、スキャン、デジタル化等）並びに無断複製物の譲渡及び配信は、
著作権法上での例外を除き禁じられています。
また、本書を代行業者などの第三者に依頼して複製する行為は、
たとえ個人や家庭内での利用であっても一切認められておりません。
●お問い合わせ
https://www.kadokawa.co.jp/（「お問い合わせ」へお進みください）
※内容によっては、お答えできない場合があります。
※サポートは日本国内のみとさせていただきます。
※Japanese text only

定価はカバーに表示してあります。